FIN DE L'HISTOIRE
DE
NAPOLÉON III

Scènes aux Tuileries. — Napoléon captif.
Siége de Strasbourg. — Napoléon, le Pape et le Diable.
Bazaine et autres. — Le Jugement dernier. — Le Festin de
Guillaume à Versailles. — Le Cri de la Guerre.
Dupanloup interprêté. — Le vote de la Chambre
des Députés. — Apothéose de Garibaldi.

NÉMÉSIS

Après la Prusse accours guerre civile !
Tous les ruraux veulent un souverain.
Et c'est toi, toi, monarchiste immobile,
Qui traite en roi le noble et le peuple en crétin.

Savant écho fais trève à tous tes piéges,
Parlant d'un roi constitutionnel...
Un roi toujours avec ses priviléges
Traite le peuple en esclave éternel !...

Paris ! Paris ! ô ville infortunée !
Après tes maux causés par les tyrans,
L'ydre des cours en sa rage effrénée
Rassemble ses agents.

AUGER, à Roche-Cardon.

FIN DE L'HISTOIRE DE NAPOLÉON III

SCÈNE I.

ÉMILE OLIVIER ET LE MARÉCHAL LEBŒUF.

OLIVIER.

Èh qué disès, ministre de la guerre ?
Du prompt retour du sieur Bénédetti,
Ambassadeur, qui je crois ne vaut guère ;
Près de Bismarck, je le vois bien petit.

LEBŒUF.

Mais que me font à moi, du pays les affaires !
N'a-t-il pas de l'esprit pour tous Napoléon ?
Et moi que suis-je en tout son ministère,
Je ne suis rien, vraiment, qu'un prête-nom.

OLIVIER.

Tant mious pour vous, mais moi ça me tracasse ;
Comme nous bat ce gueux de Gambetta !
Non, pas moyen de demeurer en place,
Point ça ne laisse aller un iota.
Et puis ce Favre, ah ! comme il nous insulte !
Si ce n'était que va si bien mon bel habit,
A ses propos je fuirais de la lutte ;
Mais quand je vois, que d'or en est le prix !
Pour ça ma foi, l'on peut s'entendre dire :
Que démocrate on ne l'est point resté ;
Et qu'au parfum de notre riche empire,
Cent fois par jour on vend la liberté.

LEBŒUF.

J'ai crânement soigné le plébiscite,
Que j'ai vaincu de ces brigands de non ;
J'ai des soldats un peu fait bouillir la marmite,
Point n'ai pensé vraiment à la poudre à canon.

OLIVIER.

C'est fort pour un ministre de la guerre !
Dans cette chambre on est tous sans dessus dessous.
L'on voit bien haut ce qui se voit à terre,
Vraiment en France on est trop fous.

SCÈNE II.

NAPOLÉON ET BENEDETTI l'ambassadeur.

NAPOLÉON.

Eh bien monsieur l'ambassadeur en Prusse !
En veut donc bien Guillaume à notre nom ?
Que désormais dédaignant toute astuce,
Il dit tout haut : Guerre à Napoléon !

O souvenir de si belles promesses
Qu'il m'avait fait! l'invitant à Paris,
Et me fiant à ses feintes caresses,
A son vouloir, moi qui m'étais si bien soumis!
Et moi qui me suis fait l'ennemi populaire!
Pour obtenir pardon auprès de chaque roi...
Je le vois trop, ô rêve imaginaire!
Napoléon, toujours ta race est hors la loi.

BÉNÉDETTI.
Ah! c'est trop vrai!

NAPOLÉON.
Parlez sans peur je vous l'ordonne!
Parlez, parlez, et ne me cachez rien.

BÉNÉDETTI.
Mon souverain, ma force m'abandonne;
Il est des mots, et ceux des Prussiens...

NAPOLÉON.
Parlez, vous dis-je, il faut que tout je sache;
Je suis Monsieur, encor votre empereur!

BÉNÉDETTI.
Ah! que je crains! (pose)

NAPOLÉON.
Et parlez donc ganache!

BÉNÉDETTI.
Vous le voulez?

NAPOLÉON.
N'ayez nullement peur.
Je ne veux point qu'on me ménage;
Que tout je sache, et n'ayez nul effroi.
Voilà ma main, recevez-la pour gage.
Eh que n'a-t-on pas dit de moi?

BÉNÉDETTI.
Oui, oui; mais, mais combien sont dans les îles,
De tout privés, aux dévorants climats!...

NAPOLÉON.
Vous avez peur, le roi des imbéciles...
Vous avez craint jusqu'aux moindres débats?

BÉNÉDETTI.
Vous m'outragez; et bien rien ne m'arrête!
De ne rien voir, vous l'avez bien voulu.
Vous ne viviez qu'en galas et qu'en fêtes,
En Balthazar, oui, vous courez au but.
Il a juré que vous n'étiez qu'un âne,
Qu'il accablait du plus profond mépris!
Loin du danger que faisant le faux crâne,
Dans les combats il vous avait suivi.

Que vous drapant en un profond silence,
En vil jésuite il vous avait connu,
Et que partout vous suivait l'ignorance
Dans des projets constamment mal conçus. (*Pose.*)

NAPOLÉON.

Eh! allez donc?

BÉNÉDETTI.

J'ai parlé d'Eugénie.
Vous riez, m'a-t-il dit, en parlant de Théba;
Oui, oui, tout ça c'est de l'orgie,
Tout ça c'est bon pour mettre à bas.
Enfin, enfin, pour parole dernière,
    Ah! je l'ai trop bien vu!
Le Prussien m'a montré son derrière,
    Ainsi tout fut conclu.

NAPOLÉON.

Oui, c'est vraiment un souverain sans gêne...
Ah le manant! le grossier, le butor!... Allez...
(*Un huissier annonce l'Impératrice et la cour.*)

SCÈNE III.

NAPOLÉON, EUGÉNIE ET LA COUR.

NAPOLÉON.

Ah! vous voilà ma chère souveraine!
Le Prussien veut guerre et guerre à mort,
Depuis longtemps le feu couvait sous cendre,
Quoi qu'en ma coupe on eut bu tous les deux.
D'un Prussien à quoi peut-on s'attendre?
Oui, c'est toujours du perfide les jeux!

EUGÉNIE.

Il veut la guerre! eh bien! tirons les cartes;
Ainsi j'ai vu souvent ce qui doit survenir.
J'ai vu souvent pensant aux Bonapartes,
Que dans leur sein serait mon avenir.
Le croiriez-vous? je suis impératrice...
Elles m'ont dit qu'un jour je le serai,
Et ça depuis vingt ans.

NAPOLÉON.

    Voyons par quel indice
On peut savoir si séduisants secrets?
(*Des cartes sont sur une table de jeu; elle les dispose en employant des paroles magiques.*)
Abra-cadabra... (*Elle en tourne une.*)
    Ah! c'est l'as de pique...
Soufflez dessus notre puissant seigneur!
    (*Napoléon souffle dessus.*)

EUGÉNIE.

C'est bien, voyons ce qu'elle nous explique?
D'effrayants bruits, tout de noire vapeur...
Ce sont de grands combats! beaucoup d'artillerie!..
Voyons après; oui, oui, de cœur c'est l'as...
L'amour du brave à moi, ton Eugénie!
Honneur et victoire et gloire à tous tes pas!

TOUTE LA COUR.

Bravo! bravo! bravo!
(*Elle chante.*)
Vive la joie, entrez en danse.

LES DAMES.

En rigodon, zig-zag, don, don.
Et le cœur en cadence,
Vaut mieux que la raison.

(*Elles forment une ronde, Eugénie y poussse Badinguet: Elle chante.*)
Voyons, entrez en danse, et faites-y la révérence.
Tra-la-déri... celle que vous aimerez,
Tra-la-dera... et vous l'embrasserez.

(*Il embrasse l'Impératrice.*)

EUGÉNIE *chante.*

Partant pour la Lorraine,
L'Empereur notre amour...
Que mon cœur a de peine!
Adieux, adieux à nos mamours!...

TOUTES LES DAMES.

(*Bis* Partant.)
Vont-ils briller nos jours de fêtes!
Et nos époux n'y seront pas!
A nous aussi de faire des conquêtes!
Tra-la-déri, tra-la-déra, vont arriver de beaux jours
[gras.

UNE DAME.

Bon voyage, cher Badinguet!
Allez, allez montrer votre courage.
Et vous, Messieurs, formant son entourage,
Tous vous serez des marquis, des préfets.
(*Bis* Bon voyage.)

NAPOLÉON.

Allons, Messieurs, faire guerre à la Prusse!
En avant! en avant mitrailles et canons!
L'on me verra plein de gloire et d'astuce,
Répandre la terreur de mon illustre nom!
Venez, venez tous mes grands dignitaires,
Et vous surtout mes pairs à trente mille francs!

Vous, mes députés, vous viendrez par derrière,
Vous me coutez bien moins d'argent.
Venez, tous les beaux de l'empire,
Nos magistrats, nos prêtres, nos sergents ;
Et surtout vous, dont le sourire,
Se reconnaît à vos nombreux serments.
Venez, nos cardinaux parés de vos camailles,
Venez de tous pays, amateurs de batailles,
Les corrupteurs et tous les corrompus,
Les courtisans ne parlant que vertus !
Les apprentis du sacerdoce,
Qui dans vos chants nous conduisez aux dieux,
Et qui savez que le ciel vous exauce,
Comme autrefois il fit chez les Hébreux!
Qui te résisterait incomparable armée?
Qui de la Chine est venue au Pérou !
Oui, le dira, partout la renommée,
Qu'un Bonaparte attend le monde à ses genoux!
Oui, nous suivra sa gloire en la bataille,
Tous les journaux vers lui nous placerons,
Tous nous diront qu'au bruit de la mitraille,
Mort ou vainqueur, je mérite son nom !
Ah ! que de croix, de généraux d'empire !
Que de comtes, de ducs et de marquis !
Des Prussiens s'avance le martyre,
De croix d'honneur je paverai Paris !
Dans l'univers se doubleront nos fêtes,
Que de héros vont mériter le nom !
Notre saint Père aux chants de nos conquêtes,
Nous donnera sa bénédiction !
Retentissez trompettes et clairons,
Partons ! partons ! partons ! partons !
(*Les Prussiens traversent le Rhin. Petite canonnade... Bonaparte et son fils dans Sarrebourg se tiennent loin du feu.*)

SCÈNE IV.

NAPOLEON, LE PRINCE.

NAPOLÉON.

Oui, c'est ici que se gagne l'empire ;
O mon cher fils sois digne de ton nom !

LE PRINCE.

Oui, oui, mon père, et ce n'est pas pour rire.
Partons ! partons ! partons !

NAPOLÉON.

Oui, je vaincrai, le dira mon histoire ;

En ce grand jour, fier aigle on verra ma valeur !
Veille sur nous, du haut du ciel la gloire,
Ou je mourrais au champ d'honneur !
L'ARMÉE.
Bravo ! bravo ! bravo !
(Commence la bataille de Wœrth.)
LE GÉNÉRAL FAILLI aux soldats.
Desselez les chevaux !
(Un aide-de-camp de Mac-Mahon à l'Empereur.)
Le maréchal veut brûler les Ardennes ;
Derrière les bois se met le Prussien.
Contre nous leurs fusils se déchaînent.
NAPOLÉON.
Gardez-vous-en, ces bois sont à la Gosselin.
(L'aide-de-camp retourne à Mac-Mahon.)
Ne brûlez pas ces bois ; ils sont à la comtesse
De Charaba-ra-ba.
MAC-MAHON.
Quel animal !
(De toute part.)
Quel animal !

(*La bataille est perdue, les Français sont en déroute. Chant des Prussiens arrivant devant Strasbourg.*).
A nous seras bientôt Strasbourg la belle...
Sont vains tes soldats, tes remparts !
Vois, que tu n'es pour nous qu'une étincelle,
Entends venir de Moltke et ses braillards.

(*Le bombardement commence. Riposte des remparts. Sédan dans le fond. Des deux côtés innombrables soldats. Ils se rangent en bataille. Canonnade terrible. Mac-Mahon est emporté blessé.*)
NAPOLÉON *sur les derrières s'écrie tremblant :*
Le drapeau blanc hissez-le, je l'ordonne !
DES GÉNÉRAUX.
Mais, mais à peine on se bat.
NAPOLÉON.
Je le veux au nom de ma couronne.
Doit m'obéir en tout point le soldat.
(*Le drapeau blanc est arborré, le combat cesse.*)

SCÈNE V.

GUILLAUME ET NAPOLÉON.

NAPOLÉON, *allant à Guillaume.*
Je viens au roi Guillaume, en lui je vois un frère.

GUILLAUME.
Eh que me veut celui qui porte un si grand nom?
NAPOLÉON.
Je viens à vous tremblant dans ma misère,
Déposer mon épée.
GUILLAUME.
Oui, c'est un fort beau don...
Mais il nous faut aussi toute votre armée.
NAPOLÉON.
Tous mes soldats sont vos prisonniers.
Grand conquérant, vous dont la renommée
Sur tous vos pas voit si brillants lauriers.

(*Il met son épée aux pieds de Guillaume en faisant signe à l'armée d'en faire autant. Ses soldats obéissent à regret et brisent leurs fusils, criant :*)

A bas! à bas Napoléon le traître!
A bas! à bas infâme usurpateur!
Que ne peut-on te faire disparaître?
A bas! à bas lâche empereur!
UN GÉNÉRAL.
Te voilà donc trop exécrable empire!
Jusqu'à ce jour porteur de trahison.
Peuple français, bientôt tu l'entendras te dire,
Point je ne suis à bout de profanation.
(*Bis* A bas! à bas le traître!)

(*Les Prussiens en marche sur Paris, chantent :*)

Elle est à nous cette superbe France!
Nous t'allons voir, ô tout fameux Paris!
Toi qui naguère en ton outre-cuidance,
Vint à Berlin, nous couvrant de mépris...
Ton fameux nom enfin va disparaître!
Tristes vaincus, nous avons vos canons,
Et vous avez encor chez vous des traîtres,
Baissez, baissez vos pavillons.
Sera bientôt à nous ta babylone,
Nous le tenons déjà son Balthazar;
D'un petit coin nous lui ferons l'aumône,
A notre gré nous conduirons ton char.
(*Bis* Ton fameux nom...)
En nous voyant, France ta capitale,
A nous, à nous ne se rend pas?
Ne vois-tu pas nos canons, nos mitrailles,
Qui sont venus pour célébrer ton glas?

SCÈNE VI.

GUILLAUME ET BISMARCK.

BISMARCK.
La république est proclamée !
GUILLAUME.
Sacramente tartèfle ! Est-ce bien sûr Bismarck ?
BISMARCK.
Scélérats de Français ! en avant notre armée !
Nous n'avons pas mon roi qu'une flèche à notre arc ;
Oui, nous ferons trahir Bazaine !
GUILLAUME.
Tu me rassures, esprit sauveur ;
Oui, nous l'aurons, et ce sera sans peine.
A Vilhemshœhe on tient son empereur.

SCÈNE VII.

(Napoléon captif à Vilhemshœhe. Bismarck se présente à lui d'un air courroucé.)

BISMARCK.
Où sont-ils Monsieur, tous ces brillants présages,
Qu'en arrivant à nous viendrait Paris ?
Nous sommes sous ses murs, il n'est pour nous
[qu'outrages,
Et c'est sur tous nos pas le canon qui rugit.
Il faut sire en ce jour qu'arrivent vos promesses ;
De Bazaine il nous faut les soldats, les canons !
Si vous voulez que du roi les largesses,
Fassent sur vous pleuvoir ses plus généreux dons.
NAPOLÉON.
Vous les aurez, je viens vous le redire.
  (A part.)
— Mea culpa, cent fois mea culpa !
Tomber du haut du plus puissant empire,
M'étant soumis au pape à tous les pas...
M'être fait l'ennemi des peuples patriotes,
    Venant à moi tout de bonté,
Et me trouver ici tout couvert de menottes,
    Honteux de ma perversité !
  (Il écrit ; il agite une sonette, un laquais entre.)
Sans différer portez tous ces messages.
  (Il lui remet plusieurs lettres.)
A Lebœuf, Ollivier, Persigny, Canrobert...
C'est le destin d'un empire aux plus sages....
N'oubliez point Faillis et Bazaine et Rouher !

SCÈNE VIII.

(On les voit descendant des montagnes, portant de larges chapeaux couverts de neige. Napoléon a devant lui la carte de France; il dit :)

NAPOLÉON.

Est-ce possible ? et par mon ignorance,
Je t'ai perdu, mon tout divin pays !
Être captif en la vile puissance
De ce Barbare... Ah, que je sois maudit !
Ah ! vous voilà... Salut, nos dignes maîtres...
Par de hauts faits il faut encor nous signaler.
Il faut entrer par porte ou par fenêtres,
Si nous voulons encor régner !
  Peu je suis fait pour faire guerre ;
  Mais, pour tramer un coup d'Etat...
  Je crois jeter vive lumière.
(Arrivant au débat.)
Oui, j'ai tout le savoir des jésuites....
  Je suis des Congrégations !
Sous tous manteaux nos marches judaïques
  Ont fait des révolutions !
C'est avec eux que j'ai conquis l'Empire
Avec Ignace, il faut nous réconcilier.
Sans son appui, c'est franchement vous dire,
Qu'à tout projet il nous faut renoncer...
Oui, je suis accusé d'avoir perdu l'Eglise,
De voir notre Saint-Père en butte au cœur perver ;
Que c'est par moi que la France insoumise
Raisonne en plein, de même que Luther...
Tranchons le mot, quelque dur qu'il puisse être.
Viens la théologie au secours de nos cœurs.
Pour aviser, jurons d'être des traîtres...
Du roi Guillaume ainsi l'on obtient les faveurs.

TOUS.

Nous le jurons de tout faire et tout dire,
A tous vos tours, sire, de nous prêter.
Trahir son pays, toujours fut la voix de l'Empire.
Ainsi, sans trouble, on peut continuer.

NAPOLÉON.

A toi, Bazaine, oui, je viens te le dire,
  Fais comme j'ai fait à Sédan,
Et l'on verra nous revenir l'Empire !
  Pour nous, tout aussi florissant.
Bazaine, pour tous, je t'embrasse !
  Allez, tenez vous prêts.

Donnant la Lorraine, et l'Alsace,
  Nos succès seront complets...
Allez, allez, le veut l'Empire !
  Le veut la nation.
Dans tous les temps encore vous pourez dire :
  Gloire à Napoléon! (*Ils partent.*)

SCÈNE IX.
LE PAPE, NAPOLÉON ET LE DIABLE.

LE PAPE.

Voilà donc où devait nous conduire l'Empire ?
Qui t'aurait cru si bête, ô traître Badinguet ?
Tout au plus bon pour devenir un sbire,
Et tu voulais être l'homme au décret ?
Pourquoi de Gall, la science infaillible,
N'a-t-elle été guidée en ton étroit cerveau ?
Et de ton front, l'astuce trop visible,
N'a-t-elle, au loin, fait voler ton chapeau ?
Et moi, l'auteur d'un si fameux concile !
Me décernant l'infaillibilité...
Que n'ai-je vu, sur ton front d'imbécile,
Que te devait bannir la papauté...
Esprit étroit. Enfin, je fuis de Rome !
  Je ne sais plus où m'arrêter...
Et le bon Dieu ne devient plus qu'un homme !
  Je ne sais plus où l'abriter !

LE DIABLE.

En vous voyant ici, saint-père Pie,
J'ai dû penser à quelque diablerie,
  Et je devais, en vrai démon,
  D'être présent à la discussion.

NAPOLÉON.

J'ai massacré le peuple en Italie
Pour te satisfaire. Oui, je suis devenu fou...
Pour toi vingt fois j'ai trahi ma patrie,
Tu me trouvai toujours trop doux ;
Pour toi, j'ai fait la guerre dans la Chine.
Tu te parais de la conversion,
Dans le Pérou, toujours en guerre clandestine,
C'était toujours, toujours pour ton ambition.
Voleur du denier de saint Pierre ?
Fausse monnaie ; oui, oui, tu as battu,
Et tu disais, imposant la prière :
  C'est le bon Dieu qui l'a voulu !

LE PAPE.

De ma hauteur, je tombe.
A mes maux je succombe.

Entr'ouvre-toi ma tombe ?
M'emporte le démon.. (*Le Diable l'emporte*).

SCÈNE X.
NAPOLÉON, LA NUIT, LA DISCORDE.

LA NUIT.

Peuple français, avec moi la discorde,
Vient t'amener le plus cher de nos fils !
Le noir destin, à tous les pas m'accorde
Tous les bienfaits que l'enfer a produits,

NAPOLÉON, *avec un drapeau noir et son journal à la main.*

Peuple français, je suis l'élu du plébliscite !
Je suis votre empereur, j'apporte mon drapeau.
Vous l'avez vu, dans toute ma conduite,
Votre bonheur de ma voix est l'écho.
Rien n'est plus beau que d'avoir un Empire.
Rien n'est brillant comme la royauté !
Vous l'avez vu, sur tous vos pas, le sbire,
Faire briller sûre tranquillité...
Eh ! vous voudriez la pâle République ?
Ne vous montrant que de petits sujets.
Quand, empereur, au pouvoir magnifique,
Je donne l'éclat au plus piteux laquais.
Vous les voyez, les pompes de l'Eglise.
Oui ! vous entendez tous les transports des cours !
C'est le Très-Haut en moi qui s'adonise
Pour vous crier ; vous m'aimerez toujours.
Ecoutez mon général Bazaine,
Ce qu'il dira, c'est l'honneur, c'est ma voix.
Fameux sujet, sa gloire c'est la mienne ;
L'honneur le guide, il ne voit que par moi !
Allez, allez, vous autres émissaires ;
Par vos discours, ramenez ma grandeur,
Et ramenez par vos voix salutaires,
Un potentat qui vous tient sur son cœur !

LA DISCORDE ET LA NUIT.

Marchons, ma sœur, c'est le jour de victoire.
Dans le cœur de Bazaine, allons souffler nos feux....
De nos divinités, révèle-toi la gloire ;
Que les fléaux accourent en tous lieux.

SCÈNE XI.
BAZAINE A SON ÉTAT-MAJOR.

BAZAINE.

Pour mes devoirs, toujours rempli de zèle,
Je viens vous dire : invoquons nos serments.
Pour moi, toujours à l'Empereur fidèle,

Me sont sacrés tous ses commandements.
Il n'est, pour moi, ni des dieux, ni patrie.
Je ne connais que ce que j'ai promis.
La République, en ce jour, c'est folie...
A tous les pas on voit trahir ses fils.

CHANGARNIER.

Point je ne suis de ces archanges ;
Il faut sortir, quels que soient les revers!
Quand on a peur, de vains mots l'on s'arrange.
Fi d'un soldat qui craint et le plomb et le fer.
Point ne voulons porter le nom de traître.
Pour le soldat sa vie est le danger...
Pour moi, je dis : vaut mieux mourir que d'être
Un vil poltron qui veut se conserver.

(*Beaucoup d'officiers: Bravo! bravo!*) [mes
Eh ! nous nous livrerons plus de cent vingt mille hom-
Aux Prussiens, pas plus nombreux que nous.
Que seriez-vous, Français, ô vous que l'on renomme?
Le monde entier rirait de vous.

BAZAINE.

Aux voix, messieurs, de vous moitié vers moi se range.
(*Mouvement.*)

CHANGARNIER.

Ah ! quel destin d'être de tes soldats !
La Peur... Avec toi l'on s'arrange
Pour s'avilir au gré d'un scélérat...

TOUS.

Consultons, consultons l'armée.

BAZAINE.

Je ne le veux pas, moi !
Se rendre... le veut la destinée.
De son drapeau, nous parle ainsi la voix...

UN OFFICIER.

Tu seras prince ! Oui, te le dit la carte.
Voilà l'écho qui raisonne en ton cœur.
Tu seras, prince, aux jeux d'un Bonaparte,
Lâche partout, te le dira l'honneur!

BAZAINE.

Nous n'avons plus, ni plomb, ni vivre.
L'on est à bout de la munition.

CHANGARNIER.

Tu l'as bien calculé dans ton désir de vivre,
Savant consort de Saint-Napoléon ?

BAZAINE.

Soldats, oui, déposez vos armes...
La tête haute, allons au Prussien.

CHANGARNIER.
Ainsi s'enfuit de ton nom tous les charmes.
Traître, tu marcheras en Juif-Errant, sans fin...
UN GÉNÉRAL.
L'on t'a vendu, trop généreuse France!
Tu te relèveras un jour comptant tes preux.
Tu n'as point perdu le cœur ni l'espérance.
On se souvient de ses aïeux !...

Allégorie. — Le Jugement dernier.
SCÈNE I.
(*Tintamarre effrayant.*)
SATAN.
Français, Français ! Accours, la Renommée
Du jugement dernier, c'est le tube effrayant...
L'Enfer assemble ton armée.
Accours, accours pour le méchant.
(*Némésis, parée de tous ses attributs, les cheveux épars, le regard plein de fureur*).
Accourez les mortels, je descends sur la terre
Par l'ordre de mon père ; il est le roi des dieux !
C'est Jupiter qui lance en tous lieux son tonnerre
Pour dessiller, peuple, tes yeux.
Va ! m'a-t-il dit, et descend sur la France ;
Là, tu verras ses plus vils assassins
Comblés d'honneur et de puissance ;
Ils ont vendu la France aux Prussiens...
Accourez tous à mes cris redoutables
Tous les suppôts du trône de Satan...
(*Tous accourent agitant des brandons enflammés*).
LES SUPPOTS.
Tous nous voilà, désigne les coupables.
Accours le châtiment.
NÉMÉSIS.
Dans ce jour, viens la justice en mon temple
Pour arrêter les crimes des pervers...
Et qu'en ce jour le monde me contemple,
Montrant au peuple à dériver ses fers !...
Va, Lucifer, amène les coupables ?
Napoléon de tout forfait tout noir...
Tous ces brigands ; tous, impardonnables.
Le brigand Pierre, assassin de Lenoir...
Tous ces voleurs trahissant leur patrie :
Ces de Faillis, à Sédan, Mentana ;
Ce Persigny, hurlant toute sa vie.

Pour de l'argent, Bonaparte, hosanna !
Tous ces Rouher, ces préfets, ces Bazaine,
Pour nous piller vantant un renégat.
Partout jetant une éternelle haine ;
Sur l'orgueilleux cherchant un vil éclat.
Accours, Satan, viens exciter les flammes ;
De l'univers t'invoquent les échos.
Les pleurs, les cris, les éternelles larmes
De nos martyrs mourant sous nos drapeaux !
Marchez, marchez appareils de justice,
Vous arrivez, Eac, Radamante et Minos,
Et de l'enfer l'éternel appendice
Evoque les fureurs d'Atropos.

SCÈNE II.

MINOS, EAC, RADAMANTE, JUGES DES ENFERS.

(*Minos ordonne qu'on les amène*).

MINOS.

A toi, Napoléon, l'horreur du plus grand traître,
Ne t'es-tu pas joué des plus sacrés serments ?

NAPOLÉON.

Point je ne dis non, Loyola fut mon maître.
Craignant la mort, je fus soumis à ses penchants.
Point ne dormais ; le plus affreux rêve
Me la montrait toujours le fer sur moi…
Enfin, enfin, mes juges, que j'achève,
On me parait du sort du plus saint roi !
J'ai fait, j'ai fait tout ce qu'on me reproche ;
A toi, le ciel, on ne peut rien cacher.
J'ai trop connu le jésuite Baroche,
Qui se gardait de me bien diriger.

MINOS.

Et dans ce jour, vil brigand, tu conspire
Avec un milliard au peuple franc, volé,
Et tu t'acharne encore à lancer le martyre
Sur un pays à tous tes pas violé…. (*pose*)
Arrive….. A toi trop scélérat Bazaine :
Voudrais-tu nier ta lâche trahison.

BAZAINE.

Je ne le peux… Ce serait perdre ma peine.
Je suis, en fait de traître, un vrai Napoléon !

MINOS.

Vous tous, avouez-vous le fond de vos abîmes
Persigny, vil Couche-Tout-Nu ;
L'on t'a fait duc pour payer tous tes crimes.
Voilà comment les grands pratiquent la vertu !

Vous, de Napoléon les effrayants complices,
Tous vos noms sont flétris par d'ignobles indices,
Soyez maudits du peuple et rejetés des cieux !
A tout honneur, disant : c'est à jamais adieux.

NÉMÉSIS.

L'éternité dans ce grand jour s'avance,
Marchez. Des dieux, châtiments éclatants,
Allez frapper de toute sa puissance
　　Et traîtres et tyrans !

LUCIFER.

Grands et petits démons, que tout l'enfer s'enflamme,
Petits buissons et tous les grands ramiers,
Que rien n'échappe à la fureur des flammes!
Accourez tous des enfers, les limiers.

NÉMÉSIS.

Du noir Pluton surgit enfin le trône !
De l'enfer vient l'effrayant appareil.
Que Thisiphone agitant sa couronne,
Jette l'effroi du supplice éternel !

MINOS.

Au nom, sacré de toute justice,
Par nos arrêts instruisons l'univers,
Et dans ce jour, pour arrêter le vice,
Montrons comment l'on punit les pervers.
Rassemblez-vous tous les monstres des mondes !
Tigres, aspics, hyènes et boas,
Et vous tous habitants dans les profondes ondes,
Vous nous direz quel sein les enfanta !
Venez, ô vous, du sol brûlant d'Afrique,
Qui fait rugir le tigre et le lion.
Accours aussi fantôme jésuitique,
Qui fit ton fils de ce Napoléon.
En vain aux dieux on veut cacher ses crimes,
Les trahisons, les lâches faux serments.
Nous avons vu, sans nombre, vos victimes.
L'éternité, pour toujours, vous attend.

PLUTON, *se levant sur son trône.*

Je les livre, l'enfer, à tes feux, à tes œuvres...
Apporte ton pouvoir, les pervers à punir,
Assemble tous tes maux, tes démons, tes couleuvres.
　　Fais voir l'éternel avenir !

LE DÉMON, *à ses agents.*

Mes serviteurs, mes agents, aux mains fortes,
Attachez-les, selon leur rang, aux piloris
Et vous lutins, aidez à leurs cohortes ;
N'écoutez ni les pleurs, ni les cris.

(Tous sont attachés aux piloris avec l'écriteau de leur nom. Un chœur des enfers).
Des noirs brandons c'est aujourd'hui la fête.
Jamais plus beau ne fut le trône de Pluton.
Non, non jamais les flammes ne s'arrêtent.,.
 Eternelle punition.
Agitons-nous les noires furies.
Retentissez des enfers les échos.
Chantons, dansons, tous les génies.
Nous, créateurs de tous les maux.
Que dans ce jour notre labeur s'achève,
 Voilà notre destin.
Aux criminels, non, point de trève.
 Pour les punir, non, point de fin.
NÉMÉSIS.
Plus que jamais brillez les éternelles flammes ;
Vous, les démons, jetez-les tous aux feux,
Et que jamais l'horreur de ces infâmes
 Ne sorte de nos yeux
(Des démons les détachent et les jettent tous dans les flammes.)
Vole l'éclair, retentis le tonnerre !
Jette l'effroi dans l'âme des méchants.
Et qu'à jamais s'élance la colère
Sur qui préfère aux pays les tyrans...
Chantons, dansons les démons, les furies.
Brûlez, brûlez dans l'éternel feu !
Et qu'à jamais la France trop trahie
Aux empereurs pour toujours dise adieu !
Retentissez les trompes effrayantes!
Oui, c'est le jour du jugement dernier.
Traîtres, brûlez dans l'éternel brasier...
Chantons, dansons, infernales bacchantes!

Le festin de Guillaume à Versailles

La salle est étincelante de lumière ; au milieu est un trône, au-dessus est écrit : Guillaume, roi des rois ; cortège militaire ; le roi vient entre Bismarck et de Moltke ; musique ravissante ; des bayadères richement parées, chantent :

... Ah quel bonheur! à nous accourt la gloire !
Du plus brillant de tous les potentats ;
Il est venu chez nous pour boire :
Le pur nectar de nos divins climats !

Chœur d'hommes.
Sur son palfroi volant à la frontière.
A toi, Paris, il vient dicter des lois...
Et sur ses pas s'élève la poussière
Que fait en le suivant un cortége de rois! (*fanfare*).

LES BAYADÈRES.
Du haut des cieux, à sa gloire éternelle!
Anges, chantez l'espoir des nations...
C'est le vrai Dieu, sa gloire est immortelle!
Jusques à terre, inclinez-vous nos fronts!

LES HOMMES.
Nous t'avons vu : toi qui tout subordonne,
Du roi des dieux lancer les mille éclairs!
Et de Bacchus revêtir la couronne;
De nouveaux fruits vont parer l'univers!
... Chantons, chantons et célébrons ses fêtes;
Sur tous ses pas surgissent les lauriers,
Toutes de fleurs accourent tes conquêtes...
Vit-on jamais si généreux guerrier.
Oui, c'est un dieu tout brillant de lumière,
Il est suivi de saint Roch et de saint Marc.
Oui, c'est tout dire : il descend sur la terre,
Tout éclatant du verbe de Bismarck. (*fanfare*)

MOMUS *suivi des Muses.*
A vous enfants d'arriver dans l'arène,
Venant sourire à l'appel de Phébé,
A nous venez Erato, Melpomène,
Et toi surtout, ô ravissante Hébé.

BISMARCK.
Es-tu trop bien, en marchant à la guerre,
Tous les Rollands sont loin derrière toi;
C'est dans le vin qu'arrive la lumière;
C'est dans le vin où l'on connait les rois!..
  Ah! quel brillant voyage!
  L'on est au paradis.
  Tout resplendissant de courage,
  A nous, bientôt, sera Paris!

GUILLAUME,
 A table viens la gloire!
 Après tant de victoires,
 J'ai grand besoin de boire;
 Ici tout est divin :
 Toujours ma coupe pleine
 Oui je vaincrai sans peine,
 Et verse Hébé ma Reine;
Oui je vaincrai le dieu qui fit le vin!

(Adoration et poses des chanteurs.)

GUILLAUME, *à Bismarck.*

Sais-tu que tous ces chants m'embêtent ;
Fais donc finir ces génuflexions...
Il n'est pour moi de véritables fêtes
Que le champagne expulsant des bouchons !

DE MOLTKE.

Laisse-nous, ô mon roi, te rendre tout hommages.
Non, non jamais plus fameux conquérant.
Bientôt touchant aux plus pompeux rivages,
　　Tu règneras sur l'Océan !
Et que sont-ils ces rois dans la poussière,
A tout tes pas honorant ton drapeau ;
Jusqu'à tes pieds se prosterne l'Angleterre,
Et tu la mets, cette France, au tombeau !

GUILLAUME.

Oh ciel que vois-je? au chemin de la gloire
Mon verre à sec ; que faites-vous mes yeux...
Hébé, verse et verse à boire,
　　Je suis à la table des dieux !
Eh ! si jamais à Berlin je retourne,
L'on m'y verra monté sur un tonneau,
Et si jamais la tête encore me tourne,
L'on me verra descendre en mon caveau.
Vous, mes soutiens, vous, mes amis fidèles :
De Moltke et Bismarck avez-vous assez bu ?
Eh voyez-donc ! amis, que je chancelle ;
Où vais-je aller ? Sans vous je n'y vois plus ?
　　La gloire en ce jour m'altère,
Oui je boirais la mer et les poissons...
Et bon, bon, que le champagne est bon !
Tout je vois double, et femmes et lumière !
(*Bis*) 　Hébé, verse et verse à boire :
　　Je suis à la table des dieux ;
　　Voyez-moi mes aïeux. *(La toile se baisse).*

Le Cri de la Guerre.

NÉMÉSIS, *à Bismarck.*

Que vois-je, ô ciel! c'est toi, Bismarck, toi le complice
De Napoléon, quand tu l'aurais dû punir !
Et c'est au pauvre peuple à boire le calice ;
Quand tu devrais à ses maux compatir,
Ta voix comme la foule annonce la tempête,
Bien en vain tu t'adule en ta noire conquête...

Va · tu n'es qu'un barbare admirant ta fureur.
Homme éminent médite ton erreur !
Va visiter les champs de tes batailles,
Tu les verras les souffrances des morts !
Horreur, horreur, au méchant sans entrailles,
Qui fait la guerre en ses furieux transports ;
Traineur de sabre, excitant tes colères,
Quand guerre ne va pas à tes furieux désirs,
Oui tu t'écrie aux hulans sanguinaires :
Tuez, massacrez, et faites des martyrs.
Tu ne veux pas que dans la France hostile,
Le français devienne un franc-tireur ;
Prisonnier on le brule ou bien on le fusille.
Il te faut donc chez nous chosir nos défenseurs ?
Dans peu tu paraitras devant l'être suprême !
Vois la vie éternelle accourir sans retour,
Et t'arrachant à tous les stratagèmes,
Terre et ciel te disant : sois maudit pour toujours.
L'assassinat, le vol et l'incendie !
A tes côtés marchent en s'écriant...
Les nouveaux-nés, sans gite, arrivant à la vie,
Oui partout tu les jette aux glacés ouragans.
Qu'es-tu, Bismarck ? la dévorante image
De l'ouragan dans l'incendie en feux,
Et l'altéré vampire au milieu du carnage,
Qui vient sucer le sang des malheureux !
Vaste génie en vain tu t'illumine,
Et tu t'énivre au cris de conquérant.
Entends la voix sur tes pas qui fulmine ;
L'arrêt fatal qui punit les méchants,
  Va : nous nous reverrons, (elle sort).
Bismarck se jette sur un sopha et s'endort.

Vue des combats dans l'Est et sur la Loire.

SCÈNE I.

Bombardement de Paris ; Tous les maires de Paris et Jules Favre chez le général Trochu.

UN MAIRE.

Eh ! que fais-tu, Trochu, dans cette conjoncture ?
Toi gouverneur, tu vois Paris mourant de faim.

TROCHU.

Je fais ce que je dois...

2ᵐᵉ MAIRE.

Mensongère tournure...

3me MAIRE.

Dissimulant un projet clandestin ;
Non, non, ta foi n'est pas républicaine,
Va je connais de ton cœur les penchants ;
De tous tes pas la marche est trop certaine.
Ton cœur voilé, tu veux les Orléans ?
Eh qu'a-t-on vu ? Trois inutiles sorties
N'amenant pas le moindre résultat,
Et la dernière en toutes ses parties
Fait dans l'inaction voir moitié des soldats !
   Favre, sors-nous du labyrinthe,
   Où l'on nous veut ensevelir ;
   La faim est là dans cette enceinte,
Et là, Trochu, de faim, veut tous nous voir mourir !
(*Ils s'en vont, le regard et les bras menaçants.*)

SCÈNE II.

FAVRE *va chez Bismarck*.

Seigneur, je vous demande armistice,
   C'est pour ravitailler Paris :
Parler de paix aux deux pays propice ;
Et des malheurs faire cesser les cris !
   Vous le voyez, vous grand génie !
La guerre encor offre succès divers...
Donnez la paix à ma patrie ;
Des deux pays arrêtez les revers ;
Les peuples sont las de la guerre ;
Les habitants sont hors des gonds ;
Paris au cris de la misère,
Pourrait mourir de la mort des lions !
Je vous vois, Monseigneur, pour nous plein de colère.

BISMARCK.

Au peuple, il faut apprendre ce qu'il nous doit...
Et que point il ne mette en sa tête légère,
Un vil grigou parmi les rois ! (*il se promène*)
Je veux d'abord des députés, la chambre ;
Où tout Français pourra voter...
Et nous verrons après pour nous entendre,
Sur tous les points que je vais vous poser...
Vingt-et-un jours d'armistice pour ravitailler Paris ;
Remise des forts pendant ce temps ;
Concession de l'Alsace et de la Lorraine;
Cinq milliards de francs à payer en quatre ans.

(*Il le salue, Favre se retire.* — *Changement à vue.*)

La Chambre est constituée à Bordeaux.

SCÈNE I.

GARIBALDI.

Je demande la parole...

LE PRÉSIDENT.

La séance est levée.

GARIBALDI.

On ne peut mieux refuser de m'entendre. Adieu, je pars pour Caprera.

De toute part :

Vive Garibaldi !... Vive la République !...

UN DÉPUTÉ.

On nous insulte !

LE PEUPLE.

Eh fi ! des ruraux à la Chambre, (*grand tumulte*)

ROCHEFORT.

La République, on ne t'escamotera pas !

SCÈNE II.

DUPANLOUP (*interprété*).

Laisser le vote à crédule campagne,
C'est le laisser au prêtre cabaleur,
Qui le surveille et toujours l'accompagne,
  Pour ramener à l'oppresseur.
Vois peuple, où moindre abus te mène,
De pauvres juifs s'en vinrent à Jésus..
L'homme fait Dieu leur dit : Fuyez toute gangrène :
Pauvres soyez ; l'or fait les corrompus.
Une fois mort, disparut la lumière...
Tout aussitôt on vit des Dupanloups,
Pétris d'orgueil, s'élever dans les sphères,
Où les bergers se sont changés en loups...
Me font pitié, grand prélat, tes paroles,
Toi qui dépeins tous les honnêtes gens!
Et qui nous dit, dans tes propos frivoles :
« Républicains, vous êtes les méchants ! »
Oui je te vois, en te frappant la tête,
Donner pour loi, ton tout piteux sermon,
Et je te dis : quand viendra la tempête,
Elle accourra de ton ambition.
Les nobles, les ruraux ne voient que la richesse :
C'est pour cela que vous voulez les rois,
Que vous traitez en délirante ivresse,
La République attaquant vos emplois.

La République est une âme appauvrie !
Qui maigrirait tes prêtres, tes prélats ;
Et je les vois pensant à cette vie,
Pour arriver à Dieu bien frais, bien gras,
Prêtre n'a point en France de patrie ;
En tout pays il est ultra-montain,
Faire autrement serait trahir ; ce tout Saint Pie,
Il est, c'est sûr, anti-républicain ;
Républicains ils sont, selon toi, tous les êtres
Offrant de l'or pour tuer Garibaldi,
Et je les vois en esprit apparaître
Dans les conseils à leur profit !
Faisons voter les grandes villes...
Esprits pensants, et non vous villageois,
Tous exploités dans vos travaux d'argiles,
Tous égarés par des prêtres sournois.
On n'en n'est plus au temps des momeries,
Où sur parole on vit le pape saint :
C'est un pauvre homme, en mille rêveries,
Qui croit que Dieu lui tend sa grande main !
Peuple français, veux-tu la République ?
Écoute bien la plus saine des lois :
Vendons, vendons tout palais monarchique,
Les conserver, c'est rappeler les rois !

Apothéose de Garibaldi.

Prélude des victimes de la guerre.

Oui, c'est ici, sous ce divin ombrage,
Que l'éternel au juste offre repos ;
C'est l'Élysée où l'âme rend hommage
    Au verbe du très-haut.
Un tyran s'écria : tu n'as plus de patrie,
Et l'on nous vit en nos divins accords,
Nous écrier la France est envahie.
Et l'on nous vit, au ciel, arriver sur des morts !
A nos concerts, venez célestes lyres,
Salut aux dieux éclairant les mortels !
Il est un dieu, Français, qui vient nous dire :
A ton pays élève ton autel !
Oui, c'est ici le pur séjour du brave,
Au premier rang qui met l'amour de son pays,
Et qui brisant les chaînes de l'esclave,
Rit à la mort qui mène aux célestes parvis.

Chœur de républicains appareillant une barque.
Appaisez-vous les vents ; voyez notre message

Calmes soyez, les monts et les mers...
Nous allons dans ce jour réparer les outrages,
Qu'à mon pays font les pervers.
Chants de l'honneur soyez nos guides,
Nous allons à Garibaldi. (*Ils mettent la barque à flot*).
  A nous venez les Néréides,
  Allons au plus cher de nos fils.
(*Ils s'embarquent ; des femmes se joignent à eux.*)
   Refrain.
  Il est venu dans nos misères,
  Nous dévouant son bras, sa voix.
  Salut héros tout populaire !
  Salut, salut, malgré les rois !
Divin Garibaldi ! Les chants de la victoire,
  T'ont célébré dans le Jura.
De plus de dix combats nous appele la gloire,
  Aux bords sacrés de Caprera !
  A vous ruraux honte profonde,
  Vous insultez l'homme divin !
  Il est sur la terre et sur l'onde,
  De Lyon, le pur citoyen !
Par tes fils et par toi Lyon fut sauvée
  De nos envahisseurs ;
Et dans ce jour de gloire à jamais conservée,
  A vous tout l'amour de nos cœurs !
(*Bis*) Il est venu dans nos misères, etc.
(*Des barques reviennent de voir Garibaldi.*)
   Chant.
Vous qui venez de voir du peuple l'homme,
  Qu'en dites-vous ?
L'avez-vous vu dans l'or ou sous le chaume ?
  Ah ! parlez-nous !
   Réponse.
Nous l'avons vu, dans sa blouse modeste,
  Le grand soldat !
Les potentats dans leur pompe funeste,
  N'ont plus d'éclat...
(*Ils abordent à Caprera, ils s'adressent à Garibaldi.*)
Salut flambeau de tous les mondes !
Vaste génie en tout pays connu...
En parcourant et la terre et les ondes,
T'ont ramené ta gloire et tes vertus !
O prodige ! en France on t'appelle ;
Tu viens, nous amenant tes fils !
Dans vos combats tout pleins de zèle,
  Partout les Prussiens ont fui.

Nous t'avons vu dans ta vieillesse,
Bravant les plus rudes frimats ;
C'était toujours toi dans ta jeunesse,
Montrant le plus grand des soldats.
A nous venez les plus beaux des archanges,
Divine voix des ordres du Seigneur.
Vous tous aussi tous les plus purs des anges,
Qui nous guidez au sein de sa grandeur.
Qui ne connaît la croix des Mille,
L'honneur partout sur ton chemin,
Aspromonte jour trop indélébile,
D'un immortel destin ?
Accours des cieux la mélodie,
Prête à nos voix tes purs accords !
De tous nos cœurs va l'harmonie,
En nos divins transports.
Tu l'as reçu l'épée de Kersausie,
En dix huit cent des rois vainqueurs ;
Nous t'apportons celle de ma patrie,
Garibaldi, fais-nous pareils honneurs.
Nous t'avons vu, brillant de gloire,
Rentrer triomphant à Dijon ;
Viens, viens au temple de mémoire,
Deviens un enfant de Lyon.

GARIBALDI, *recevant l'épée que lui offre la ville de Lyon*.

Je te reçois pur flambeau de ma vie,
Tu serviras toujours avec honneur.
Pour mes enfants, ô France si chérie !
J'accepte cet honneur.

LES RÉPUBLICAINS.

Viens, la plus belle des conquêtes,
C'est notre amour pour toi, pour tes deux fils !
Oui, célébrons la plus pure des fêtes,
Allez nos fleurs aux trois Garibaldi !
L'on vous a vus dans nos misères,
Voler à de nouveaux exploits ;
Salut cent fois héros tout populaires,
Salut à vous malgré les papes et les rois !
A nous venez les plus beaux des archanges.

Imp. JEVAIN & BOURGEON, rue Mercière, 92, Lyon.

www.ingramcontent.com/pod-product-compliance
Lightning Source LLC
Chambersburg PA
CBHW070454080426
42451CB00025B/2739